CAPITAL ASSET PRICING MODEL

Modello di determinazione del prezzo del capitale

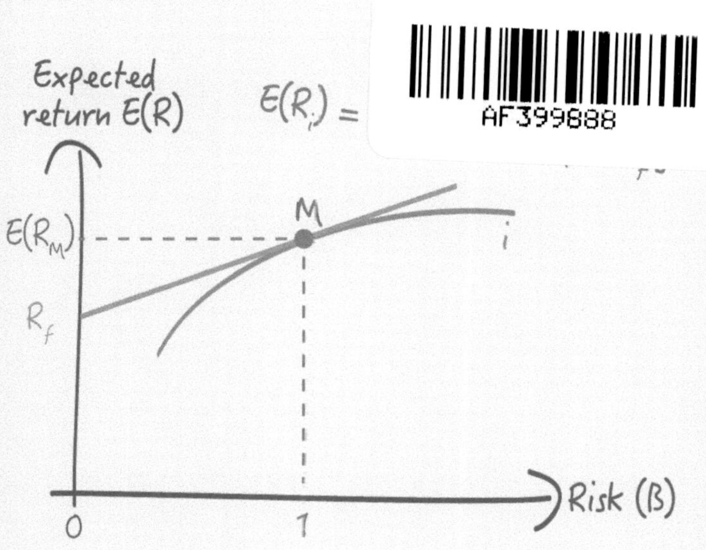

50MINUTES.com

CAPITAL ASSET PRICING MODEL

Modello di determinazione del prezzo del capitale

scritto da Ariane de Saeger
tradotto par Sara Rossi

CAPITAL ASSET PRICING MODEL (MODELLO DI DETERMINAZIONE DEL PREZZO DEL CAPITALE)

INFORMAZIONI CHIAVE

- **Nomi:** Capital Asset Pricing Model, CAPM.

- **Utilizzi:** Il CAPM è un metodo matematico utilizzato per stimare la redditività di qualsiasi attività finanziaria. Il rendimento previsto viene calcolato in base al rischio che l'attività comporta.

- **Perché ha successo?** Il CAPM è uno dei metodi di valutazione del rischio più diffusi per gli asset finanziari. Tuttavia, la sua efficacia è stata criticata da economisti come Richard Roll (economista americano, nato nel 1939).

- **Parole chiave:**

  - <u>Mercato dei capitali</u>: Luogo di incontro tra domanda e offerta di capitale. L'offerta corrisponde al risparmio (l'eccedenza di capitale disponibile) messo a disposizione di coloro che vogliono prendere a prestito. Chi prende a prestito costituisce la domanda (la necessità di finanziamento). L'equilibrio in questo mercato è Asset <u>Finanziario</u>: un asset è un titolo o un contratto che offre al possessore l'opportunità di ottenere un guadagno in cambio di un determinato rischio. Ad esempio: Compro azioni (un asset finanziario), nella speranza che col tempo il loro valore aumenti e possa ottenere un profitto con la loro vendita. Ma se il valore delle azioni diminuisce, subirò una perdita sull'acquisto.

○ <u>Tasso di interesse</u>: Il tasso di interesse rappresenta il costo del denaro. Mi permette quindi di calcolare i costi legati al prestito o all'investimento di denaro. Il tasso di interesse può anche essere definito come la remunerazione ottenuta nel caso di investimenti.

○ <u>Portafoglio</u>: Tutti i titoli trasferibili (in particolare azioni e obbligazioni) detenuti da una persona, una società, una banca, ecc.

○ <u>Rendimento</u>: La redditività di una somma investita. Se investo il mio denaro con un tasso di interesse del 7% e un amico investe la stessa somma con un tasso di interesse del 4%, posso dire che il mio rendimento sul capitale investito è migliore del suo.

○ <u>Borsa valori</u>: Un'istituzione pubblica o privata che consente lo scambio di beni e le transazioni di titoli (come gli asset). In altre parole, è un mercato di finanziamento e di investimento in cui il prezzo è fissato in base alla domanda e all'offerta.

INTRODUZIONE

Negli anni Cinquanta, i mercati finanziari si sono sviluppati e sono divenuti l'intermediario ideale per bilanciare le capacità e le esigenze di finanziamento dei vari agenti economici. Il loro obiettivo era quello di garantire il finanziamento dell'economia attraverso una serie di strumenti (risparmio, acquisto di titoli, acquisto di asset, ecc.). Nell'investimento di un asset finanziario sono coinvolte due variabili strettamente correlate: il rendimento e il rischio.

Per definire meglio queste due variabili sono stati condotti studi da diversi economisti:

- Frank Knight (economista americano, 1885-1972) nel 1921ha definito i concetti di "incertezza" e "rischio".

- Il lavoro di Harry Markowitz (economista americano, nato nel 1927) nel 1950 ha segnato l'inizio della moderna teoria della diversificazione, nota come moderna teoria del portafoglio dal 1952. Questa teoria propone una riflessione finanziaria sull'uso della diversificazione per ottimizzare un portafoglio. È la versione più simile all'attuale CAPM.

- Infine, negli anni '60 e nei primi anni '70, gli economisti americani William Sharpe (nato nel 1934), John Lintner (1916-1983) e Fischer Black (1938-1995), oltre all'economista norvegese Jan Mossin (1936-1987), hanno sviluppato modelli finanziari precedenti, dando origine al CAPM.

👁 DEFINIZIONE DEL MODELLO

Il CAPM viene utilizzato sia sui mercati finanziari sia per risolvere problemi finanziari in ambito aziendale. Il modello di calcolo si basa sulla misurazione del rischio sistematico, della redditività attesa e dei tassi di interesse. In altre parole, il CAPM consente di stimare il rendimento di un asset rispetto al suo rischio.

TEORIA

Questa sezione fornisce informazioni sul metodo di valutazione degli asset finanziari da un punto di vista puramente teorico, per consentire di cogliere tutte le sfumature del CAPM.

CONTESTO

Questo modello è stato sviluppato in un momento in cui tutti i mercati finanziari stavano migliorando e si stavano standardizzando. È stato creato perché gli investitori volevano essere più consapevoli dei rischi di un investimento finanziario.

Il contributo di Markowitz

Il CAPM estende la moderna teoria del portafoglio di Markowitz, sia nei suoi presupposti che nelle sue conclusioni. Markowitz ha sottolineato i vantaggi della diversificazione del portafoglio per gli investitori che vogliono ottenere il miglior rapporto rischio-rendimento.

Markowitz include cinque ipotesi nel suo modello:

1. I mercati finanziari sono efficienti, il che significa che il prezzo e i rendimenti degli asset finanziari presentano sempre in modo accurato tutte le informazioni disponibili su tali asset;

2. Gli investitori sono avversi al rischio e quindi non corrono rischi aggiuntivi senza la garanzia di un rendimento aggiuntivo;

3. I mercati sono equilibrati;

4. Non esiste alcuna opportunità di arbitraggio sui mercati bilanciati, questo perché l'offerta di asset corrisponderebbe perfettamente alla domanda di tali asset e il prezzo sarebbe quindi naturalmente bilanciato;

5. E infine, l'investitore compie scelte razionali.

 **DEFINIZIONI**

<u>Opportunità di arbitraggio</u>: La possibilità per un investitore di modificare il proprio portafoglio di asset in base alle proprie previsioni. Nello specifico, si tratta di un'operazione (acquisto o vendita) che viene invertita per due mercati diversi, due prodotti o due scadenze. L'opportunità consiste nel trarre vantaggio dalle anomalie di trading.

<u>Correlazione tra asset</u>: La relazione tra due asset finanziari che vanno nella stessa direzione (correlazione positiva) o nella direzione opposta (correlazione negativa).

Il contributo di Markowitz è duplice. Da un lato, egli evidenzia il fatto che i vantaggi della diversificazione dei portafogli di asset non si basano sulla mancanza di correlazione tra i rendimenti, ma piuttosto sulla loro correlazione imperfetta o parziale. Dall'altro, dimostra che la riduzione del rischio legata alla diversificazione è limitata dal grado di correlazione tra gli asset. Di conseguenza, Markowitz dimostra che la diversificazione riduce il rischio senza incidere sulla redditività.

Al contrario, il modello di capital asset pricing estende il campo di applicazione perché considera tutti gli agenti economici.

L'OBIETTIVO PRINCIPALE DEL CAPM

Come già detto, l'obiettivo del CAPM è quello di fornire all'investitore il maggior numero di informazioni possibili sui rischi e sulla redditività potenziale dell'asset finanziario in cui vuole investire. L'investitore accorto opta per un portafoglio rischioso efficiente o per un equilibrio tra asset rischiosi e non. Il CAPM consente di stabilire il prezzo di equilibrio degli asset.

IPOTESI DEL MODELLO

 **DEFINIZIONI**

Deviazione standard: È la misura di dispersione più comunemente utilizzata per delineare una tendenza centrale. Quindi, misura la variabilità rispetto alla media.

Aspettativa: Rappresentazione del guadagno o della perdita media che una persona probabilmente riceverà nell'ambito di un esperimento casuale.

- Tutti gli investitori sono considerati "investitori" secondo la definizione di Markowitz: considerano ogni asset solo in termini di rischio/profittabilità. Il mercato è privo di "attriti", il che significa che non ci sono costi di transazione, né commissioni, ecc.

- Le plusvalenze e i dividendi non sono tassati.

- Il mercato è equilibrato e un investitore può acquistare o vendere qualsiasi attività purché non abbia un impatto sul prezzo delle azioni; l'informazione è trasparente.

- Gli investitori non amano gli investimenti privi di rischio. Per questo motivo scelgono un livello di rischio più o meno elevato a seconda della remunerazione che potrebbero ricavarne (premio per il rischio).

- Gli investitori hanno lo stesso orizzonte temporale, il che consente una certa standardizzazione delle analisi.

- Gli investitori prevedono la performance futura dei titoli allo stesso modo.

- Gli investimenti sono infinitamente divisibili: è possibile acquistare o vendere frazioni di asset o portafogli.

- Gli investitori controllano il rischio attraverso la diversificazione.

- Gli investitori possono prestare o prendere in prestito qualsiasi somma di denaro a un tasso privo di rischio.

- La redditività di un asset viene stimata utilizzando il guadagno atteso in un determinato orizzonte temporale, mentre il suo rischio viene stimato utilizzando la deviazione standard delle sue variazioni passate. Ad esempio, un'azione relativamente rischiosa presenterà prezzi fluttuanti e quindi una deviazione standard più elevata.

Supponiamo che vi sia omogeneità nelle aspettative, nelle deviazioni standard e nelle variazioni, nonché nelle correlazioni tra le diverse attività finanziarie.

Inoltre, ogni portafoglio è composto dallo stesso tipo di asset. Solo la proporzione – la percentuale di rischio (basso o alto) – di asset rischiosi e non è diversa.

COMPONENTI DEL MODELLO

Il CAPM si basa sul fatto che i diversi asset e portafogli di asset vengono analizzati in termini di rapporto rischio-rendimento e la sfida che ogni investitore deve affrontare è quella di puntare a un portafoglio con la massima utilità. Per comporre un portafoglio efficiente sono necessarie tre componenti essenziali:

- la linea del mercato dei capitali, che individua le diverse combinazioni rischio-rendimento;

- il premio di mercato, che definisce il costo del rischio;

- il coefficiente beta, che misura il rischio di un asset in relazione al rischio di mercato.

La linea del mercato dei capitali (CML)

La linea del mercato dei capitali mostra le combinazioni rischio-rendimento degli asset finanziari. R_f è il livello di redditività di un asset privo di rischio (ad esempio, i titoli di Stato), mentre M si riferisce alla combinazione complessiva osservata sul mercato, detta anche portafoglio di mercato. La scelta della combinazione dipende dal profilo dell'investitore e dalla sua avversione al rischio.

Premio di mercato e CAPM

L'investitore ha bisogno di un premio di mercato che copra il rischio assunto. Maggiore è il rischio, più alto è il premio e più ripida è la pendenza del CLM.

L'indicatore di rischio beta

Il CAPM non misura il livello di rischio, ma piuttosto il rischio relativo dell'asset o del portafoglio rispetto al mercato, chiamato ß (beta). In altre parole, il beta è la relazione tra le variazioni del prezzo di un asset finanziario (nota come "volatilità") e le variazioni dei prezzi sul mercato in generale. Si tratta della sensibilità o elasticità del prezzo di un'attività rispetto all'indice azionario che rappresenta il mercato. Più il valore del beta è vicino a 1, meno l'asset è considerato volatile.

Il premio di rischio di un asset finanziario è quindi pari al suo coefficiente beta moltiplicato per il rischio complessivo di mercato.

Il CAPM è pari al premio di rischio di un asset*i* o di un portafoglio e al premio di rischio del mercato, moltiplicato per il valore del beta dell'attività in esame.

Il rendimento atteso per l'attività i ($E(R_i)$) può essere calcolato a condizione che siano noti il tasso privo di rischio, il beta dell'asset e il premio di mercato. Viceversa, se il rendimento è noto è possibile calcolare anche il rischio.

VANTAGGI

LO SAPEVI?

Il tasso di attualizzazione è il tasso che consente di trasformare un valore futuro in un valore attuale, tenendo conto del fatto che più lunga è la durata tra il presente e il futuro, più il valore attuale diminuisce.

Il CAPM offre diversi vantaggi:

- consente di calcolare i diversi rendimenti degli asset in questione;

- facilita il processo decisionale economico e finanziario attraverso il calcolo del rischio;

- il modello è più semplice da utilizzare rispetto alla teoria dei prezzi di arbitraggio, sebbene sia meno accurato da un punto di vista econometrico;

- esistono due utili applicazioni del modello:

- ○ misurare la performance dei gestori di fondi;

- ○ calcolare il tasso di sconto appropriato per valutare il reddito futuro di un'azienda.

CONCLUSIONE

È quindi comprensibile che, in generale, un investitore razionale opti per un portafoglio diversificato di asset finanziari (attività rischiose e non rischiose) al fine di garantire la massima efficienza e un rischio limitato.

Sebbene sia difficile valutarne l'efficacia, il CAPM rimane uno strumento di misurazione della performance che consente agli utenti di confrontare il lavoro del management e le realtà del mercato, oltre a indicare il tasso di sconto appropriato per calcolare i ricavi futuri di un'azienda.

LIMITI ED ESTENSIONI

LIMITI E CRITICHE

I limiti del CAPM sono numerosi e le critiche sono per lo più legate alle assunzioni preliminari fatte.

- **L'instabilità del beta.** Il beta è il rischio relativo di un asset o di un portafoglio rispetto al resto del mercato. Tale instabilità deriva dal fatto che il rischio di un asset è variabile e quindi soggetto a modifiche in qualsiasi momento. Ad esempio, immaginiamo di acquistare un asset finanziario al momento t e di calcolare il rischio x che sto assumendo con questo investimento. A questo punto, non c'è alcuna garanzia che al tempo $t+1$ il rischio x di quell'asset non sia cambiato a causa di fattori esterni (come una crisi). Per ovviare a questo difetto, generalmente il gestore considera tutti i beta per ridurre in parte il rischio individuale.

- **Il limite della diversificazione del portafoglio.** È impossibile diversificare completamente un portafoglio: gli investitori dovrebbero acquistare una serie di asset finanziari diversificati prima di puntare a una correlazione parziale (nel caso in cui la diversificazione riduca il rischio). Inoltre, un portafoglio con una correlazione ridotta può finire per correlarsi a causa dell'evoluzione del contesto economico, sociale e politico.

- **La difficoltà di applicazione pratica** in un contesto di previsione.

- **Le ipotesi irrealistiche.** È quasi impossibile avere un'idea precisa dei tassi privi di rischio in cui investire; non esiste una tassazione uniforme tra gli asset finanziari, mentre i costi di transazione sono molto reali, oltre a molti altri elementi da considerare.

- **La dipendenza degli studi sul CAPM dalle scelte di portafoglio del mercato.** Questa dipendenza è stata elaborata dall'economista Richard Roll.

DEBOLEZZE E CRITICHE

Su scala più ampia, i critici contestano l'efficienza relativa del CAPM.

Per questo motivo, Roll si chiede se sia possibile testare l'efficacia del modello: secondo lui, per verificarlo dovremmo essere in grado di misurare l'efficienza del portafoglio di mercato, cosa che ritiene impossibile. Egli sostiene che, poiché il portafoglio non comprende solo tutte le azioni, ma anche obbligazioni, immobili e metalli preziosi, tra le altre cose, non può essere misurato con precisione e integrato efficacemente nel CAPM.

MODELLI ED ESTENSIONI CORRELATE

Mentre il CAPM si basa esclusivamente sulla valutazione del beta, uno strumento di misurazione del rischio variabile, altri modelli offrono metodi alternativi che consentono di determinare anche il rischio finanziario.

Teoria dei prezzi dell'arbitraggio (APT)

Data la volatilità dei beta osservati nel CAPM, nel 1976 Stephen Alan Ross (economista americano, nato nel 1944) ha presentato un modello alternativo basato sulla teoria dell'arbitraggio.

La sua idea è che esistono diversi fattori economici che influenzano la redditività:

- da un lato, fattori generali che influenzano simultaneamente la redditività di diversi asset;
- dall'altro, fattori specifici di un asset che influenzano esclusivamente la redditività di quell'asset.

La teoria dell'arbitraggio sostiene inoltre che i fattori specifici dei diversi asset sono indipendenti dai fattori generali e sono anche indipendenti tra loro.

Il principio dell'arbitraggio si verifica quando due asset, con la stessa sensibilità a diversi fattori, non hanno lo stesso rendimento atteso. Se non esiste un'opportunità di arbitraggio, ossia se hanno lo stesso rendimento atteso, il rischio di mercato dell'asset deve essere calcolato utilizzando i beta relativi ai fattori di mercato non specifici che influenzano tutti gli investimenti.

L'APT viene applicato in modo più generale rispetto al CAPM. Tuttavia, la sua principale debolezza risiede nell'origine e nella scelta dei fattori che influenzano gli asset.

Modello multifattoriale

Il modello multifattoriale cerca di superare la carenza dell'APT, ossia l'identificazione di specifici fattori economici che possono infuenzare il rischio. Poiché il rischio di mercato riguarda la maggior parte (se non tutti) gli investimenti, esso deriva da fattori macroeconomici. Il modello definisce quindi il rischio di mercato come il rischio di esposizione di qualsiasi asset a fattori macroeconomici. Per questo modello, la base per il calcolo del rischio è il beta dell'asset, relativo ai fattori macroeconomici.

Modello a tre fattori di Fama-French o modello a variabili rappresentative

 **DEFINIZIONI**

Capitalizzazione di mercato (MC): Rapporto di valutazione che consente di misurare le dimensioni di un'azienda, oltre ad altri criteri come il numero di dipendenti o il fatturato. Si distinguono le grandi capitalizzazioni, che rappresentano diversi miliardi di sterline, dalle capitalizzazioni più piccole.

Rapporto book-to-market: Strumento utilizzato per determinare se l'asset è sottovalutato o sopravvalutato. Se il rapporto è superiore a 1, l'asset è sottovalutato. Se invece è inferiore a 1, l'asset è sopravvalutato. Questo rapporto è stato determinato dagli economisti americani Eugene Francis Fama (nato nel 1939, vincitore del

Questo modello è stato sviluppato all'inizio degli anni '90 dagli economisti americani Eugene Francis Fama e Kenneth Ronald French e trae ispirazione dal modello multifattoriale, secondo il quale il rendimento è influenzato da più di un fattore. Il modello Fama-French evidenzia l'esistenza di due fattori che influenzano il rendimento:

- **Le dimensioni dell'azienda.** Fama e French misurano le dimensioni di una società utilizzando la capitalizzazione di mercato (MC). In particolare, la loro attenzione si basa sul fatto che le attività delle società a piccolo MC, considerate più rischiose e con un costo del capitale più elevato, hanno un rendimento medio elevato rispetto alle società a grande MC. Di conseguenza, i titoli delle società a piccolo MC hanno un rendimento in eccesso rispetto agli asset privi di rischio, superiore a quello previsto dal CAPM.

- Come la capitalizzazione di mercato, **le azioni con un rapporto book-to-market più elevato**, relativamente sottovalutato dal mercato, sono più rischiose e hanno un costo del capitale più elevato. Allo stesso tempo, spesso sono queste azioni a registrare i rendimenti più elevati.

Confrontando il MC e il book-to market ratio, Fama e French hanno scoperto che il book-to market ratio è statisticamente più rilevante del MC ed è uno dei principali fattori con una forte influenza sugli asset. Inoltre, nel lungo periodo, hanno notato che la relazione tra il book-to market ratio e il rendimento è molto più forte e stabile di quella tra il MV e il rendimento.

In conclusione, gli investimenti redditizi vengono effettuati in società con una bassa capitalizzazione di mercato e un elevato valore contabile, che non potrebbero essere considerati nel modello CAPM.

APPLICAZIONE PRATICA

Questa sezione fornisce informazioni sui passi da seguire e sulle domande da porre quando si implementa il CAPM. Fornisce inoltre raccomandazioni utili per evitare di commettere errori.

CONSIGLI E BUONE PRATICHE

Definire il rischio di un investimento

Il primo passo consiste nel definire il rischio di un investimento. Questo rischio può essere misurato utilizzando la varianza della redditività effettiva rispetto al reddito previsto. Si può quindi osservare il livello di rischio dell'asset: nessun rischio, basso rischio o alto rischio.

Distinzione tra rischi pagati e non pagati

Una volta determinato il livello di rischio, è necessario distinguere tra rischi pagati e non pagati. Ogni particolare asset presenta due tipi di rischio: il rischio specifico di un investimento, chiamato "rischio d'impresa" o "rischio intrinseco", e il rischio generale di tutti gli investimenti, detto "rischio di mercato".

- **Il rischio specifico** può essere controllato in un portafoglio diversificato se l'investimento specifico rischioso rappresenta solo una piccola parte del portafoglio stesso e può, ad esempio, essere controbilanciato da un asset specifico meno rischioso. Si parla quindi di "rischio medio", che si riferisce ai diversi investimenti a rischio specifico di un singolo portafoglio.

- **Il rischio di mercato,** che riguarda tutti gli investimenti, non può essere controllato perché riguarda in generale tutti gli asset finanziari presenti sul mercato. I fattori alla base di questo rischio sono due: gli sviluppi generali del mondo economico – dalla tassazione alla politica dei prezzi – e il modo in cui gli investitori percepiscono questi potenziali sviluppi.

L'investitore accorto, che di solito si assicura di avere un portafoglio diversificato, non sarà compensato per i rischi legati alle variazioni di mercato.

Misurare il rischio di mercato

Per calcolare questo rischio, l'investitore può utilizzare diversi metodi, tra cui il CAPM, l'APT, il modello multifattoriale e il modello di French-Fama sopra descritto. A seconda delle ipotesi formulate, il rischio di mercato viene percepito e calcolato in modo diverso.

Il CAPM si basa sul fatto che i singoli asset e i portafogli sono giudicati in base al rapporto rischio-rendimento, e che l'obiettivo di ogni investitore è cercare il portafoglio più efficiente. Questo obiettivo può essere raggiunto in tre fasi.

1. L'investitore deve determinare la "frontiera efficiente", ossia l'insieme di portafogli che minimizzano il rischio per un dato rendimento medio. Questo insieme

di portafogli è chiamato insieme efficiente ed è rappresentato dall'area all'interno della forma a ombrello. Di seguito, vediamo che il punto x non è razionale, in quanto a parità di rischio esiste una combinazione di rendimenti più elevati, e.

La somma degli importi investiti deve essere uguale a 1. Più il coefficiente di correlazione è debole, più il rischio si riduce: la curva di indifferenza si sposta quindi verso sinistra.

La curva di indifferenza è l'insieme delle combinazioni di due beni o due fattori che forniscono al consumatore o all'investitore lo stesso livello di soddisfazione. L'asse Y, $E(R)$, corrisponde al rendimento atteso, mentre l'asse X corrisponde al livello di rischio. Poiché ogni curva dà all'investitore la stessa soddisfazione, per una diversa combinazione rischio-rendimento e qualunque sia la curva di indifferenza specifica, egli sceglierà il portafoglio con il rendimento più elevato per un determinato rischio.

2. A seconda della sua attitudine al rischio (curva di indifferenza), l'investitore sceglie il "suo" portafoglio ottimale. Questo corrisponde al punto di tangenza tra la curva di indifferenza e la frontiera efficiente. Se considera un asset privo di rischio, l'investitore potrà appunto investire una parte del suo patrimonio in uno dei portafogli più rischiosi sulla frontiera efficiente degli asset rischiosi , e un'altra parte in un asset privo di rischio.

3. Per misurare matematicamente questo rischio l'investitore deve utilizzare la formula riportata nella definizione teorica del concetto:

4. Inoltre, è risaputo che al giorno d'oggi le valutazioni degli asset finanziari vengono effettuate dai computer.

RACCOMANDAZIONI

Assunzioni necessarie e varianti del modello

Quando si applica il CAPM è importante essere consapevoli che il modello non è sempre realistico: data la situazione attuale, le ipotesi formulate dal modello sono raramente valide. Il calcolo del rapporto rischio-rendimento deve quindi essere esteso a ipotesi e varianti più ampie. Di seguito sono riportati alcuni esempi delle contraddizioni osservate:

- Il modello considera solo i titoli scambiati in borsa nel portafoglio di mercato. Un portafoglio di mercato dovrebbe essere definito da tutte le opportunità di investimento esistenti nell'economia, e quindi è molto più ampio.

- Il CAPM formula ipotesi difficilmente applicabili nel contesto attuale. Il modello teorico deve quindi essere esteso alla realtà del nostro ambiente, che spesso lo rende meno rilevante e più complesso.

- Zero beta o nessun rischio. Di solito è impossibile prendere a prestito a un tasso privo di rischio. Non si può presumere che esista un asset privo di rischio. Il CAPM deve essere adattato a questa realtà.

- Il CAPM presuppone inoltre che non vi siano imposte, costi di transazione, ecc. Questa ipotesi dovrebbe essere riconsiderata, in quanto gli investitori sono soggetti a imposte (compresi i dividendi e le plusvalenze sulla vendita) e a costi di transazione. Se si tiene conto di tutti questi costi aggiuntivi, gli investitori tenderanno a limitare le dimensioni dei loro portafogli acquistando meno azioni.

Esistono numerose estensioni delle ipotesi e varianti del modello. In particolare, nel capitolo 3 del libro Quantitative Financial Economics: Stocks, Bonds and Foreign Exchange, Keith Cuthbertson presenta e sviluppa le sfumature del CAPM e le sue applicazioni matematiche.

Infine, raccomanda all'investitore o alla società investitrice di prendere in considerazione il fattore "diversificazione", un parametro essenziale nella misurazione del rischio al fine di ridurlo. Inoltre, occorre prestare attenzione, poiché non esiste un rendimento privo di rischio! In generale, la diversificazione del portafoglio è uno dei metodi migliori per proteggere gli investitori e limitare il rischio.

Le scorte

L'aumento del numero di assetta in un portafoglio è associato a una diminuzione del rischio, anche se non si tratta di un andamento lineare. Gli effetti della diversificazione all'inizio sono significativi ma dopo un certo punto diminuiscono, mentre i costi legati al numero di azioni (transazioni, costi fissi, ecc.) aumentano. Inoltre, la massima diversificazione riduce la variabilità dei rendimenti dei titoli. Ad esempio, se la variabilità si riduce del 70%, il restante 30% costituisce il rischio "sistematico" poiché è impossibile eliminare completamente il rischio attraverso la diversificazione (vedi rischio di mercato).

GESTIONE ATTIVA E PASSIVA

La gestione attiva offre generalmente un rischio superiore a quello del mercato a fronte di un rendimento atteso più elevato.

La gestione passiva garantisce un rischio equivalente a quello del mercato a fronte di un rendimento atteso leggermente inferiore.

La diversificazione può essere effettuata a diversi livelli:

- in diverse zone (Europa, USA, Giappone, paesi emergenti, ecc.)

- a livello di settori di asset

- in base alle dimension dell'azienda

- per stile di gestione (attivo, passivo, ecc.)

Oltre alle azioni, possiamo prendere in considerazione altri esempi come le obbligazioni, i contanti e l'oro, senza tener conto di altri beni come fondi di investimento, opere d'arte, ecc.

- **Le obbligazioni** offrono generalmente rendimenti inferiori rispetto alle azioni, ma il rischio è limitato.

- **I contanti o i risparmi** offrono per lo più rendimenti inferiori a quelli delle azioni – con eccezioni come le azioni Fortis che hanno perso circa il 95% del loro valore nel 2008 – ma con lo stesso ordine di grandezza delle obbligazioni.

- **L'oro** è caratterizzato da un rischio elevato a fronte di un rendimento medio inferiore rispetto ad altri asset.

CASO DI STUDIO

Contesto

Nel contesto della gestione patrimoniale, il gestore definisce l'obiettivo del cliente in modo da poterlo raggiungere al meglio. L'esperto analizza l'intera situazione dell'investitore: famiglia, lavoro, guadagni e proprietà. Questa analisi gli permette di specificare le esigenze più specifiche.

GESTIONE PATRIMONIALE – PERCHÉ?

La gestione patrimoniale è un processo attraverso il quale la proprietà privata (beni mobili, immobili, contanti, ecc.) viene valutata al fine di ottimizzarne l'uso. Se una persona possiede molte proprietà, sarà soggetta a tasse relativamente alte. La gestione patrimoniale tende a minimizzare i costi ottimizzando l'uso di questi beni.

Qual è il portafoglio più efficiente per questo investitore-cliente secondo il modello CAPM?

Il problema risiede nella valutazione e nella determinazione di un portafoglio efficiente a seconda del tipo di investitore con cui il gestore patrimoniale ha a che fare.

 **TIPI DI INVESTITORI**

Le banche e le istituzioni finanziarie distinguono generalmente quattro tipi di investitori:

l'investitore con propensione al rischio, fiducioso nel futuro e alla ricerca della performance;

l'investitore lungimirante, al tempo stesso fiducioso nel futuro e riluttante a correre rischi;

lo spenditore (consumatore);

l'investitore pessimista sul futuro e restio ad assumere rischi.

Come prima cosa, il gestore deve determinare diversi parametri di mercato:

- **La scelta del portafoglio di mercato di riferimento.** Esistono diversi indici azionari che riuniscono un insieme rappresentativo di asset sui mercati. Tra questi, il CAC 40, che presenta le 40 maggiori capitalizzazioni di mercato in Francia, e l'S&P 500 in America.

- **La scelta di un asset privo di rischio.** Possiamo considerare i titoli di Stato o i prodotti di assicurazione sulla vita come asset a rischio limitato. Sebbene il rischio sia limitato – e quindi mai completamente nullo – il rendimento è incerto e volatile.

- **La scelta del portafoglio clienti.** Il CAPM presuppone che tutti gli asset finanziari presenti sul mercato siano valutati correttamente: ognuno di essi ha un particolare rischio e rendimento atteso. Il gestore sceglie insieme all'investitore, soggetto consapevole dell'inevitabile relazione tra il rendimento delle attività e i rischi, il portafoglio che più si avvicina alle aspettative del cliente. La scelta del contenuto del portafoglio per il cliente sarà quindi direttamente correlata alla sua esposizione al portafoglio di mercato. Questo coefficiente di esposizione (beta) può essere facilmente ottenuto attraverso le informazioni finanziarie trasmesse dall'indice azionario. Una volta determinato il beta, è utile stabilire una strategia per soddisfare le esigenze dell'investitore.

- **Varianti del modello: beta, volatilità e performance del portafoglio.** Il calcolo dei parametri del CAPM può essere effettuato in diversi modi:

  - Utilizzo di dati storici precedenti basati su effetti episodici. Ciò richiede cautela: poiché i cambiamenti nei dati storici sono generalmente legati a periodi specifici (ad esempio, periodi di crisi), non forniscono una completa obiettività.

  - Attraverso dati finanziari già disponibili e in uso su varie piattaforme. Anche in questo caso, è importante fare attenzione, poiché alcune analisi potrebbero essere soggettive e parziali.

○ Infine, attraverso i rapporti aziendali e le previsioni economiche.

In generale, il gestore cerca le informazioni più complete – e quindi più affidabili – per evitare di aggiungere ulteriori rischi al portafoglio dell'investitore. Una volta specificate le varianti del modello, il CAPM determina la migliore distribuzione possibile delle risorse finanziarie dell'investitore, rispettando i suoi desideri in termini di rendimenti, rischio e tipi di asset.

Simulazione del portafoglio

Immagina un portafoglio relativamente diversificato con asset in diversi settori, emessi da società di importanza variabile che investono in diversi mercati geografici.

Questo portafoglio comprende 15 titoli di Stato tedeschi, 20 azioni di Belfius, 8 azioni di una cooperativa agricola cambogiana e altre 10 azioni di immobili americani.

Conoscere il livello di correlazione è importante perché ci permette di capire se il portafoglio è molto rischioso (coefficiente vicino a 1; correlazione positiva) o meno (coefficiente vicino a 0; correlazione negativa). Inoltre, il coefficiente di performance fornisce informazioni sul livello di controllo del rischio e quindi sulla sicurezza relativa degli asset. Questa performance viene calcolata utilizzando il rapporto dell'economista William Sharpe, in modo da eliminare dal portafoglio qualsiasi risultato negativo.

L'analisi delle prestazioni può comprendere due dimensioni:

* una dimensione grafica
* una dimensione matematica, espressa dal valore del portafoglio e dal valore degli asset che lo compongono.

Nel caso del nostro portafoglio, possiamo notare che la diversificazione adottata è buona ma può essere migliorata, in particolare scegliendo asset meno correlati.

Conclusione

Il CAPM consente una semplice analisi dei movimenti di mercato e dell'esposizione al rischio di determinati asset. Tuttavia, senza le estensioni del modello, risulta inefficiente e di scarsa o nulla utilità . Lo Sharpe ratio, ad esempio, è uno strumento importante per misurare la performance degli asset in un contesto complesso come quello attuale.

SINTESI

- Il CAPM è un metodo matematico che consente di calcolare il rendimento atteso di qualsiasi asset finanziario.

- Il modello è apparso negli anni '50, in un momento in cui i mercati finanziari si stavano sviluppando e standardizzando, questo perché gli investitori volevano maggiori informazioni e garanzie per assicurare la redditività delle loro attività finanziarie.

- Teorici:

  - Nel 1921, Frank Knight definì i concetti di incertezza e rischio;

  - Nel 1950, il lavoro di Harry Markowitz ha segnato l'inizio della moderna teoria della diversificazione e dei portafogli;

  - Infine, a partire dal 1964, economisti come William Sharpe, John Lintner, Jan Mossin e Fischer Black hanno sviluppato modelli finanziari esistenti, che hanno portato alla creazione del CAPM.

- Quando si applica il modello è essenziale:

  - determinare la frontiera efficiente dei portafogli;

  - determinare il portafoglio ottimale, diversificando il portafoglio di asset per minimizzare il rischio sistematico e mantenere un certo livello di redditività.

  - misurare il rischio e la redditività del portafoglio.

- Il modello è utile solo se non ci sono informazioni mancanti e costi di transazione. Il portafoglio diversificato ottimale è quindi lo stesso per tutti gli investitori.

- I principali limiti di questo modello sono l'inapplicabilità delle ipotesi fatte e l'instabilità del valore del beta.

- Tre modelli sono estensioni del CAPM: l'APT (arbitrage pricing theory), il modello multifattoriale e il modello a tre fattori di Fama-French.

ULTERIORI LETTURE

BIBLIOGRAFIA

Baudot, J.-Y. (Senza data) Le MÉDAF. *JYBaudot.fr.* [Online]. [Consultato il 26 giugno 2014]. Disponibile da: < http://www.jybaudot.fr/Bourse/medaf.html>

Broquet, C., Cobbaut, R., Gillet, R. e van den Berg, A. (2004) *Gestion de portefeuille.* Bruxelles: De Boeck.

Damodaran, A. (2006) *Finanza d'impresa. Théorie et pratique.* Bruxelles: De Boeck.

Desquilbet, J. -B. (Senza data) Le MÉDAF. Modello di valutazione degli atti finanziari. *Università di Artois.* [Online]. [Consultato il 26 giugno 2014]. Disponibile da: < http://jb.desquilbet.pagesperso-orange.fr/docs/A_M2thfi_2_MEDAF.pdf>

Gaga, O. e Tarib, A. (Senza data) Le Modèle d'Équilibre des Actifs Financiers. Caso di ITISSALAT AL-MAGHRIB. *Scribd.* [Online]. [Consultato il 24 giugno 2014]. Disponibile da: < http://fr.scribd.com/doc/24407264/Modele-d-equilibre-des-actifs-financiers-MEDAF-CAPM>

Limaiem, I. (2009) Les facteurs du modèle Fama et French: cas du marché des actions canadiennes. *Università del Québec a Montréal.* [Online]. [Consultato l'8 luglio 2014]. Disponibile da: < http://www.archipel.uqam.ca/2202/1/M10858.pdf>

Moisson, J. -C. (Senza data) *Méthodes et principes de gestion de portefeuille benchmarkée.* [Online]. [Consultato il 26 giugno 2014]. Disponibile da: < http://www.bm.com.tn/ckeditor/files/gestion_de_portefeuille_bench.pdf>

Ngoma, F. (2009) Évaluation des actifs financiers par le MÉDAF. Validazione empirica della relazione rischio-rendimento attraverso i modelli economici. *Memoria online.* [Online]. [Consultato il 26 giugno 2014]. Disponibile da: < http://www.memoireonline.com/07/10/3749/Evaluation-des-actifs-financiers-par-le-MEDAF-validation-empirique-de-la-relation-risque-rendement-.html>

Statistics Canada (Senza data) *Varianza e deviazione standard.* [Online]. [Consultato il 26 giugno 2014]. Disponibile da: < http://www.statcan.gc.ca/edu/power-pouvoir/ch12/5214891-eng.htm>

FONTI AGGIUNTIVE

Back, K.E. (2010) *Asset Pricing and Portfolio Choice Theory (Financial Management Association Survey and Synthesis).* New York: Oxford University Press USA.

Capinski, M.J. e Kopp, E. (2014) *Teoria del portafoglio e gestione del rischio (Mastering Mathematical Finance).* Cambridge: Cambridge University Press.

Cuthbertson, K. e Nitzsche, D. (2004) *Economia finanziaria quantitativa: Azioni, obbligazioni e cambi.* [2ª edizione]. West Sussex: John Wiley & Sons.

Levy, H. (2011) *Il Capital Asset Pricing Model nel 21° secolo: Prospettive analitiche, empiriche e comportamentali.* New York: Cambridge University Press.

Vogliamo la tua opinione!
Lascia un commento sulla tua biblioteca online
e condividi i tuoi libri preferiti sui social media!

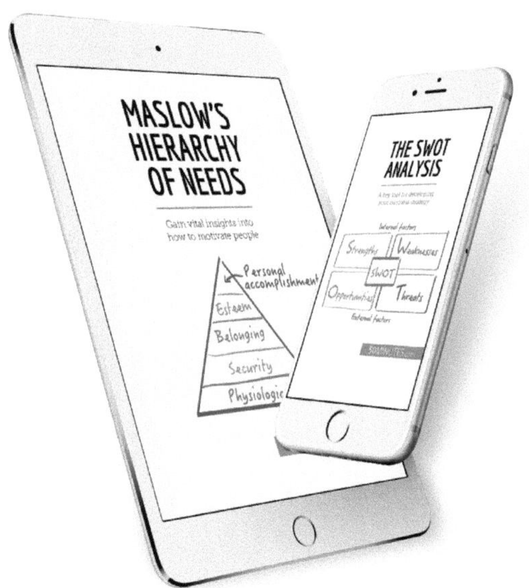
MASLOW'S
HIERARCHY
OF NEEDS

Gain vital insights into
how to motivate people

Personal
accomplishment
Esteem
Belonging
Security
Physiologic

THE SWOT
ANALYSIS

A key tool for developing
your business strategy

Internal factors

Strengths | Weaknesses

SWOT

Opportunities | Threats

External factors

L'editore garantisce l'affidabilità delle informazioni pubblicate,
che non possono tuttavia impegnare la sua responsabilità.

Master ISBN: 9782808064859
ISBN cartaceo: 9782808065146
Deposito legale: D/2022/12603/101

Design digitale: Primento,
il partner digitale degli editori.